AF554623

DIRECTOIRE EXÉCUTIF.

Extrait du procès-verbal de la séance publique du Directoire exécutif, du 10 brumaire, an 6.

En exécution de l'arrêté du Directoire, du 5 de ce mois, portant qu'il recevrait cejourd'hui, en audience publique, le général de division Berthier, chef de l'état-major de l'armée d'Italie, et le citoyen Monge, envoyés par le général Bonaparte, pour présenter au gouvernement le traité de paix conclu entre la République française et l'Empereur; toutes les dispositions avaient été faites pour cette cérémonie.

Un grand concours de citoyens s'étaient rendus au Palais national du Directoire exécutif, et remplissaient les salles. La musique militaire exécutait les airs chéris des républicains.

Le Directoire exécutif passe dans la salle de ses audiences publiques, précédé de ses huissiers et messagers d'état, et accompagné de son secrétaire-général, des ministres, des membres du corps diplomatique, de l'état-major de sa garde, et d'un grand nombre d'officiers-généraux.

Les assistans attendaient avec impatience le général Berthier, l'ami, le compagnon d'armes de Bonaparte, et le citoyen Monge, l'un des savans auxquels les arts doivent la collection des plus précieux monumens de l'Italie.

Ils entrent au milieu des applaudissemens, conduits par les ministres de l'intérieur et des relations extérieures, et s'avancent vers le Directoire.

Le citoyen Berthier tient à la main une branche d'olivier, symbole de la paix qu'il vient annoncer.

Il se fait un profond silence.

Le ministre des relations extérieures présente au Directoire les citoyens Berthier et Monge. En présentant le premier, il dit :

« J'ai l'honneur de présenter au Directoire exécutif de la République française le citoyen Alexandre Berthier, chargé par le citoyen Bonaparte d'apporter le traité de paix définitif conclu entre la République française et l'Empereur.

» Cet avantage, ou plutôt cette récompense était due au général qui a obtenu une si grande part dans les prodiges de l'armée d'Italie.

» *Le général Berthier*, a dit Bonaparte, *est une des colonnes de la République française. Il n'est pas une victoire de l'armée d'Italie à laquelle il n'ait contribué. Je ne craindrai pas que l'amitié me rende partial, en retraçant ici les services que ce brave général a rendus à la patrie ; mais l'histoire prendra ce soin, et l'opinion de toute l'armée fondera le témoignage de l'histoire.*

» C'est ainsi que Bonaparte parle de Berthier, et par-là m'interdit tout éloge. Qu'ajouter, en effet, à de telles expressions ? Mais tandis qu'une élite de républicains se presse ici autour du compagnon et de l'ami de Bonaparte, et semble, par ses avides regards, accuser sa contenance modeste, qu'il reçoive du moins, au milieu des élans de la joie publique, l'expression abandonnée de la reconnaissance qu'excite en nous l'inappréciable bienfait de la paix. Eh ! quel est celui que ce mot ne fait pas tressaillir de bonheur ? Ce n'est, certes, pas ici une de ces paix serviles qu'impose la force, et dont à son gré se joue la perfidie. Non : c'est la victoire qui s'arrête ; c'est le courage qui se met un frein ; c'est une paix librement souscrite et fortement garantie, qui, aggrandissant le domaine de la liberté, consolide la révolution, éteint les délirantes ambitions des ennemis extérieurs, et nous apportant mille biens précieux, nous ouvre un avenir riche de tous les genres d'espérances.

» C'est, sans doute, pour avoir détourné leur esprit de ces consolantes idées, que quelques Républicains ont cru pouvoir retenir, à cette nouvelle, l'épanchement de leur joie. Par un sentiment patriotique, sans doute, ils desiraient plus de grandeur encore pour la République, et moins d'avantages pour la puissance rivale. Mais ce sentiment, pur dans son principe, ne doit pas lutter trop long-tems contre la joie universelle, et doit céder, sur-tout, à des considérations d'un ordre supérieur. Et où donc se serait arrêtée cette sanglante lutte? A-t-on le droit, dans une si terrible incertitude, de prolonger une expérience qui peut coûter tant de malheurs au monde? Et lorsque le problême de la révolution française est plus que résolu; lorsque la France acquiert à la liberté plusieurs millions d'hommes; lorsque la République française, dans sa sixième année, devient incontestablement la première puissance de l'Europe, qui oserait alors repousser, par ses vœux, une paix qui nous assure tant de gloire au-dehors, et nous promet tant de prospérités intérieures; qui ramenant, au sein de nos campagnes, ces soldats triomphateurs, y tarira tant de larmes, y excitera tant d'amour, y réveillera tant d'enthousiasme, et y fondera par-tout ce patriotisme toujours vrai, toujours pur, toujours sans excès, puisque toujours il s'alimentera des souvenirs de la gloire et de la magnanimité? Eh qui donc, après tant de combats, oserait dire à nos armées, vous n'avez pas assez vaincu! après les défaites de Beaulieu, de Wurmser, de Clairfait, etc., vous n'avez pas assez renversé de réputations! Après les victoires de Bassano, de Lody, d'Arcole, de Rivoly, de Treviso, de Tagliamento, etc., vous n'avez pas remporté assez de victoires! Quel homme oserait demander de nouveaux prodiges encore, lorsque, par ces innombrables prodiges, les tems héroïques s'effacent des annales de la renommée, et que les tems fabuleux sont devenus notre propre histoire? Ah! plutôt graces immortelles soient rendues au Directoire, qui a su quand il était tems d'arrêter ses triomphes; qui librement a voulu reposer sa foudre; qui a donné la paix au continent pour préparer plus de repentirs à l'orgueilleuse Angleterre, et qui a senti que la véritable grandeur est celle qui se limite elle-même; la véritable force, celle qui se modère; la véritable gloire, celle qui s'entoure de la reconnaissance nationale. »

Le ministre continue, en ces termes, en présentant le citoyen Monge :

« J'ai l'honneur de présenter au Directoire exécutif de la République française le citoyen Monge, chargé aussi de lui annoncer la paix, et qui avait été envoyé en Italie comme membre de la commission des sciences et des arts, pour recueillir les monumens assurés à la République par nos traités.

» Ces monumens où sont empreints tous les genres de gloire et de la Grèce et de l'Italie, sont donc enfin une richesse nationale que bientôt nous pourrons contempler à loisir.

» Pour les transporter au milieu de nous, et conserver à plusieurs d'entr'eux cette beauté fragile que le tems a respectée, il fallait, non des mains étrangères ou indifférentes, mais des Français dignes d'apprécier une si belle conquête.

» Monge fut choisi. Son ardent patriotisme, son amour religieux pour les arts, cette soif si légitime de renommée dans la carrière des sciences, dont il a reculé les limites, furent des titres sacrés aux yeux du gouvernement.

» Monge a pleinement justifié cette confiance; jamais mission ne fut plus dignement remplie.

» Dans les divers déplacemens, ces chefs-d'œuvre coururent plus d'un danger, et nous éprouvions ici, en apprenant les tentatives délicates et savantes mises en usage pour les en garantir, ces émotions vives et presque touchantes qu'on éprouve pour l'objet des plus douces affections. Mais que les amans des arts se rassurent; l'objet de leur culte a échappé à tous les dangers; le citoyen Monge va leur apprendre que bientôt ils en jouiront avec une sécurité désormais inaltérable ».

Le général Berthier présente au Directoire le rameau d'olivier qu'il tient à la main, et dit :

Citoyens Directeurs,

« Envoyés par le citoyen Bonaparte pour vous apporter

la branche d'olivier achetée si glorieusement par 581 combats soutenus par les armées de la République, et parmi lesquels on comptera presqu'autant de victoires, nous avons remis à votre président le traité de paix conclu entre la République française et l'Empereur, signé à Passeriano au milieu des camps français, le 27 vendémiaire.

» L'airain encore échauffé par les fêtes de la victoire, a retenti dans les murs de cette cité, et a déjà porté aux extrémités de la République la nouvelle de cette paix glorieuse, l'espoir des amis de la patrie.

» Organe de l'armée d'Italie, j'assure le Directoire que mes frères d'armes voient cette paix avec une vive satisfaction ; car ils se persuadent qu'elle contribuera au bonheur de la République, à l'affermissement de la constitution de l'an 3, et qu'enfin elle ralliera tous les citoyens de la grande famille.

» L'armée d'Italie, qui, comme toutes celles de la République, compte dans ses rangs autant de héros que de soldats, espère, citoyens Directeurs, que vous allez tourner ses armes victorieuses contre les restes épars de cette coalition déjà punie, qui hésitent encore à faire une paix juste et digne de la République.

» Non, citoyens Directeurs, aucun des soldats de l'armée d'Italie ne perdra de vue ses drapeaux, que la paix générale ne soit assurée ; ils sont prêts à marcher.

» Ce n'est pas à moi, citoyens Directeurs, à parler du général Bonaparte ; son nom est déjà au temple de l'immortalité ; c'est à la renommée et au burin de l'histoire à éterniser le héros dont les talens égalent les vertus républicaines.

» Je ne parlerai pas des généraux, des chefs ; je ne citerai pas cette foule de traits particuliers si justement admirés. Si des circonstances heureuses ont mis plus en évidence quelques braves, tous dans l'armée ont un droit égal à la reconnaissance nationale.

» Vous, citoyens Français, qui avez des parens au service de la patrie, dites : *J'ai dans ma famille un héros, et il a contribué à cette paix glorieuse, qui assure le bonheur de la République.*

» Et vous qui pouvez avoir à regretter la perte de quelques braves, que la félicité publique cimentée de leur sang, que la liberté donnée à dix millions d'hommes, sèchent enfin vos larmes.

» Mais vous, qui avez osé calomnier nos plus zélés défenseurs, aussi bons citoyens qu'ils sont braves soldats, si vous n'étiez pas les agens du despotisme expirant, rougissez d'une erreur qui vous faisait servir leurs criminels projets.

» J'en appelle à l'Italie; j'en appelle à toi, auguste vérité!

» L'armée d'Italie comptait au plus, le 21 germinal, an 4, 20 mille hommes sous les armes, qui, depuis trois ans, dénués de tout, défendaient avec courage les sommets des Alpes et des Apennins. Bonaparte arrive: « ce » n'est plus une guerre défensive, c'est une guerre d'in» vasion; ce sont des conquêtes que vous allez faire, » dit-il aux soldats; point d'équipages, point de maga» sins; vous êtes sans artillerie, sans habits, sans souliers; » sans solde, vous manquez de tout; mais vous êtes riches » en courage: eh bien! voilà vos magasins, votre ar» tillerie; vous avez du fer et du plomb, marchons, et » dans peu de jours, ils seront à vous ». (Il leur montre les plaines fertiles du Piémont et de la Lombardie).

« L'ennemi, ajoute-t-il, est quatre fois plus nombreux » que vous; nous en acquerrons plus de gloire ».

» Dans la nuit même, l'armée partit; au jour, les champs de Montelesimo sont témoins de nos exploits et de nos premiers triomphes.

» Cent onze combats se succèdent, et toujours la victoire est restée fidèle aux drapeaux de l'armée d'Italie.

» En prairial, sous les murs de Turin, elle force le roi de Sardaigne à la paix; peu de tems après, Naples fait la sienne.

» En pluviôse an 5, elle la dicte à la cour de Rome; et en germinal suivant, les plénipotentiaires de l'Empereur signent les préliminaires de Léoben près Vienne.

» Pendant ces glorieux travaux, l'ouvrage d'une seule année, nos intrépides et vertueux soldats ont bravé, au bivouac, les injures des saisons; ils ont supporté les privations de toute espèce : les magasins, les fabrications ne pouvaient suivre la rapidité de nos mouvemens. Eh bien! ces braves marchaient à l'ennemi, les pieds nuds; et quoiqu'ils manquassent quelquefois de subsistances, nous les avons vu jetter celles qui venaient de leur être distribuées, pour arriver plus vite à l'ennemi.

» Avec quel attendrissement on voyait nos blessés et nos mourans ne pousser d'autre cri que celui de *vive la République*, et dire : *Si nous avons vaincu, je meurs content!*

» Calomniateurs des braves de l'armée d'Italie, c'est encore devant vous que j'en appelle à nos ennemis euxmêmes! Parlez, peuples de la Carinthie et de la Styrie; le soldat français n'a-t-il pas respecté vos personnes, vos mœurs, vos propriétés, vos usages? Bonaparte vous l'avait dit, *les Français sont les amis des peuples: l'Empereur et ses soldats sont nos seuls ennemis.*

» Parlez, magistrats de Gorizia, de Gratz et des autres villes conquises; vous admiriez la sagesse de nos soldats, vous y applaudissiez.

» Mais vous, Gouvernement vénitien, à qui la neutralité devait tracer une conduite loyale et franche, vous étiez, pendant tout le cours de la guerre, vendu à nos ennemis; vous n'avez pu dissimuler votre haine pour la liberté; vous opprimiez le petit nombre de patriotes épars dans vos états, et nous croyant battus sous les murs de Vienne, vous avez fait lever le peuple en masse pour assassiner les Français : et cependant, quand les coupables devaient s'attendre à une juste vengeance, ils n'ont trouvé dans l'armée française que clémence et humanité.

» Pendant les négociations, l'armée s'occupait à acquérir

la supériorité manœuvrière, à maintenir la discipline ; mais le souvenir de tant de victoires, mais l'espoir d'une paix glorieuse, étaient empoisonnés par les mouvemens royalistes de l'intérieur ; nos frères d'armes y étaient insultés, plusieurs assassinés, les patriotes opprimés ; la lenteur que nos ennemis apportaient dans les négociations, prouvait qu'ils n'étaient pas étrangers au complot : alors l'armée, par un mouvement spontané, renouvella le serment de haine à la royauté et de fidélité à la République et à la constitution. Le soldat disait : *la constitution est sous la sauve-garde des citoyens, et nous sommes citoyens ; qui mieux que nous en remplit les devoirs ?*

» Votre énergie, citoyens Directeurs, celle des législateurs ont sauvé la patrie ; la journée du 18 fructidor a terminé les négociations et placé dans les mains de la Liberté, la branche d'olivier que sans cesse présentaient la raison et l'humanité.

» Oui, citoyens Directeurs, de même que tout soldat de l'armée répétera avec orgueil, *j'étais de l'armée d'Italie ;* de même tout Français doit dire en ce moment avec fierté : *et moi je suis citoyen français.*

» Vive la République ! »

L'assemblée, qui avait eu peine à retenir ses transports pendant le discours du général Berthier, s'abandonne à l'épanchement des sentimens d'admiration et d'affection que sa présence et ses paroles font naître dans tous les cœurs. La salle retentit des applaudissemens les plus vifs, et des cris de *vive la République !* prononcés avec l'accent de la joie et de la victoire. Cet élan unanime ne cède qu'au desir d'entendre le citoyen Monge. Il prononce le discours suivant :

Citoyens Directeurs,

« De tant d'ennemis coalisés contre la République naissante, il n'en reste donc plus qu'un seul.

» Tous les enfans de la Gaule, jadis confédérés en un seul corps de nation, arrachés depuis aux liens chéris qui les unissaient, après vingt siècles d'esclavages successifs et divers, fiers de ne former plus qu'un même peuple, vont donc être rendus à leur antique vertu.

» Ceux mêmes d'entr'eux qu'une erreur peut-être avait autrefois portés au-delà des Alpes, et qui avaient enfin subi le joug, après avoir lutté long-tems contre la servitude dans un pays que leur industrie a rendu depuis si fertile, viennent de voir rompre leurs fers, et sont redevables d'une nouvelle existence à une métropole qu'ils n'avaient jamais cessé d'aimer.

» Enfin, de tous les descendans des Gaulois en Europe, il n'en est pas un seul qui reconnaisse un maître.

» O mon heureuse patrie! tu ne sais pas jusqu'à quel point tu étonnes l'univers. Le courage de tes enfans arrache aux nations le cri de l'admiration; la sagesse de tes vieillards commande le respect; tes vertus ont contenu jusqu'ici le premier trait même de l'envie; ouvres donc les yeux, et ne sois pas la seule insensible à ta gloire!

» Vous n'êtes pas, citoyens Directeurs, au terme de vos travaux, et une nouvelle carrière, plus glorieuse peut-être encore, s'ouvre devant vous.

» La liberté de la Grèce ne put résister aux trésors du roi d'un petit peuple à demi barbare. Les moyens de corruption des tyrans de l'Inde sont bien plus puissans que n'étaient ceux du roi de Macédoine; il y a bien plus long-tems que le gouvernement d'Angleterre manie avec succès cette arme qui le déshonore; et, quelles que soient nos vertus, il y aurait de la présomption à nous croire moins corruptibles que ne l'étaient les Spartiates et les Athéniens. Le gouvernement anglais et la République française ne peuvent donc co-exister.

» Vous avez parlé, et déjà nos terribles brigades agitent leurs armes victorieuses, et Scipion est à leur tête.

» Si j'avais dans mon pays l'autorité que de grands services rendus à la patrie et de grandes vertus avaient acquise à Caton dans Rome, je me garderais bien de l'imiter. Je dirais aux premiers magistrats de la République...... « Détruisez un gouvernement qui a corrompu la morale

» du monde entier ; mais conservez une nation à laquelle » l'Europe est redevable d'une grande partie de ses lu- » mières ; n'opprimez pas une nation qui a donné Newton » à l'univers ; conservez une nation respectable par un » patriotisme sans exemple peut-être, et digne d'un » meilleur gouvernement. Elevez-la à la dignité de peu- » ple, complettez sa liberté dont elle est idolâtre, et » rendez-la à ses vertus naturelles. Que le peuple anglais » subsiste avec gloire, qu'il soit l'émule du peuple français, » que tous deux ils concourent à l'envi au progrès des lu- » mières et au perfectionnement de l'esprit humain, et » qu'il n'y ait entre eux de rivalité que pour le bonheur » du monde ».

» Alors, citoyens Directeurs, le champ de la gloire ne sera pas encore entièrement moissonné pour vous. Vous aurez dans l'intérieur deux ennemis mortels à combattre, *l'ignorance* et *la superstition ;* vous aurez à détruire de tous les esclavages le plus humiliant et le plus fatal au genre humain. Mais vous saurez faire le choix de vos armes ; vous répandrez l'instruction d'une manière convenable à toutes les classes de citoyens ; et dans cette sage distribution, votre sollicitude s'étendra également, et sur le pasteur de nos montagnes, et sur l'habitant de nos cités. Vous éleverez par-tout des autels à la vérité ; vous familiariserez les yeux de tous les citoyens avec ses traits augustes, et vous n'aurez plus à craindre qu'on la méconnaisse : on ne désertera pas son culte consolateur, pour celui de son épouvantable rivale.

» Citoyens Directeurs, plus de trente millions d'ames comptent tous vos instans, et je me presse. Je ne vous parlerai pas de la gloire de nos braves armées. Celle de l'armée d'Italie retentit jusqu'au fond de la haute Egypte ; les Arabes du désert s'en entretiennent les soirs sous leurs tentes. Une lueur de je ne sais quelle espérance s'est glissée dans l'ame des descendans des anciens Grecs, et leur cœur en a tressailli. Les petits enfans de Sparte et d'Athènes chantent en français l'hymne qui forma nos bataillons, celui qui les conduisit à la victoire ; ils chanteront bientôt celui qu'attendent nos triomphes ; et ces hymnes, comme autrefois ceux d'Orphée, vont de bouche en bouche parcourir les nations et passer à la postérité.

» Puisse la République française subsister vertueuse autant de tems que ces chants sublimes inspireront de vénération pour les vertus héroïques de ses fondateurs, d'admiration pour le courage de ses braves défenseurs, de respect pour ses premiers magistrats, et d'enthousiasme pour la liberté!

» Mais il est utile que les Républicains, les amis du gouvernement que nous avons choisi, les zélateurs de la liberté et de l'égalité sachent que le général en chef de l'armée d'Italie est aussi recommandable par son dévouement à la gloire de son pays, par son respect pour les lois de la République et par toutes les vertus civiques, qu'il est célèbre par son ascendant sur la victoire et par la sagesse avec laquelle il sait en user. Si un nouveau Plutarque avait à parler de Bonaparte, ce ne serait ni avec Miltiade, ni avec Thémistocle qu'il le mettrait en parallèle, quoiqu'il y ait parité entre les services rendus à la patrie; ce serait, je pense, avec Epaminondas.

» O mânes révérées de Vercengetorix, vous êtes bien vengées! Soyez accessibles à la consolation. Il a fallu deux mille ans à la nature pour vous produire un successeur. Il a toutes vos vertus; dans un siècle plus éclairé, vous auriez eu ses talens, et l'heureuse Gaule n'aurait pas connu l'esclavage ».

Ce discours, est couronné par les applaudissemens de toute l'assemblée.

Le citoyen Révellière-Lépeaux, président du Directoire, répond aux citoyens Berthier et Monge, en ces termes:

« Qu'ils furent grands pour la République les jours où le cri de la victoire retentissait à chaque instant dans cette enceinte! Qu'il est doux pour elle le moment où se fait entendre la voix de la paix, lorsque ses résultats sont également utiles et et glorieux!...

» Quel enchaînement de merveilles depuis l'époque où la raison nous appella à l'indépendance jusqu'à celle où la paix vient mettre le sceau à la révolution!

» Génie puissant de la liberté, toi seul pouvais produire tant d'événemens inouis, tant de faits héroïques, tant d'hommes extraordinaires! Toi seul pouvais créer, comme par enchantement, tant de philosophes, d'orateurs, de législateurs, d'hommes d'état, de guerriers, de génies de tous genres, tant d'armées triomphantes, une armée d'Italie, un Bonaparte!

» Heureuse France! oublie des maux passagers qui ne sont plus, pour ne t'occuper que du long avenir de bonheur et de gloire qui t'est assuré. Jouis du fruit de tes conquêtes, tu peux les contempler avec un orgueil légitime.

» Par elles, en effet, aucun peuple libre n'aura cessé de l'être, lorsqu'au contraire de vastes régions et des populations nombreuses auront été appellées à la liberté; et cette liberté ne sera point souillée par la main ensanglantée des factions. Elle leur sera assurée dès sa naissance par le règne des lois, par de sages et vigoureuses institutions.

» Cependant, avant de te livrer totalement au repos, France, tourne tes regards sur l'Angleterre! il y existe une nation généreuse, sans doute, mais son gouvernement est odieux! Après s'être emparé de l'empire des mers, il a couvert le globe de ses forfaits. En Asie, la soif de l'or l'a rendu le ministre le plus terrible de la mort. Dans l'Europe et dans l'Amérique, il a rendu tout vénal; il y a versé la corruption à torrens, et il commande avec la plus insultante hauteur aux gouvernemens qui ont été par lui corrompus et avilis : enfin, il fut l'artisan de nos discordes civiles. N'ayant pu détruire notre liberté par la coalition dont il fut l'auteur, il l'a souillée par d'horribles proscriptions!..... *Il a créé la Vendée!*..... C'est sur lui, soldats républicains, que doivent se diriger vos derniers coups.

» Mais, dans cette heureuse journée, ne songeons qu'au

repos que la France vient de donner au continent de l'Europe ; livrons-nous uniquement au sentiment de la joie et à celui de la gratitude.

» Braves défenseurs de la patrie, et toi, jeune héros que réclament à l'envi la guerre, la politique, la statistique et la philosophie, jouissez avec délices de la reconnaissance nationale. Je me garderai bien d'affaiblir ici le nombre et la grandeur de vos services en voulant les retracer. C'est à l'histoire qu'appartient cette tâche glorieuse ; c'est au burin, c'est au crayon, au ciseau, à l'architecture, à élever des monumens qui en consacrent la mémoire ; c'est à la poésie à les célébrer par des chants immortels. Enfin, ce sont les peuples que vous avez rendus à la liberté, les Républiques que vous avez fondées, les chef-d'œuvres qui vont embellir notre patrie, les animaux, les plantes utiles, les inventions de toute espèce qui vont l'enrichir, les collections précieuses des productions de la nature et des arts, qui fourniront d'abondans sujets de méditation à nos philosophes, et à nos artistes de nouveaux modèles ; ce sont, en un mot, tous ces fruits de vos victoires qui transmettront, à la postérité, le ressouvenir de ce que vous fûtes, et celui de ce que vous avez fait.

» Vous général Berthier, et vous citoyen Monge, recevez en particulier les témoignages de l'estime qui vous est due. Je me félicite infiniment d'en être l'organe. Le choix qu'a fait le héros d'Italie des deux personnes chargées de nous annoncer la paix, est encore un trait qui le caractérise. L'un, en effet, est un de ces généraux qui, par leurs talens, leur activité et leur courage, se sont alliés à tous ses triomphes ; l'autre est un membre de cette commission savante, laquelle, aux yeux de l'Italie, a honoré la nation française et fait respecter la République par les vertus de ceux qui la composaient et par leur amour ardent et éclairé pour la liberté, autant que par la vaste étendue de leurs connaissances et la pureté de leur goût.

» Heureuse alliance de la force et de la sagesse ! puisses-tu, pour le bonheur de la France, n'être jamais rompue ! c'est toi qui assures aux nations les deux biens les plus désirables, la liberté et la paix !

» Recevez, citoyens, au nom de tous ceux qui ont bien servi la République, n'importe à quel titre, nos embrassemens fraternels; ils sont le présage assuré de l'union qui doit désormais régner entre tous les Français. *Vive la paix ! vive la République !* »

En terminant, le président du Directoire, entraîné par le sentiment, se porte au-devant des citoyens Berthier et Monge; il serre avec émotion, dans ses bras, le héros et le savant, et leur donne l'accolade fraternelle.

Chacun des assistans regrette de ne pouvoir aussi les presser contre son sein; on verse des larmes de joie et d'attendrissement. Les cris de *vive la République* se mêlent au son bruyant du clairon et des instrumens guerriers; *vive la grande nation !* répète-t-on de toute part; *vive Bonaparte ! vivent les fondateurs, vivent les défenseurs de la liberté ! vive la constitution de l'an* 3. Les citoyens se félicitent et s'embrassent; l'allégresse la plus pure échauffe toutes les ames, et se manifeste par les plus touchantes expressions.

Le ministre des relations extérieures présente ensuite au Directoire le citoyen Mariani, secrétaire de la légation ligurienne, et le citoyen Rangone, secrétaire de la légation de la République cisalpine.

Le Directoire lève la séance, au milieu des cris répétés de *vive la République !* et rentre dans la salle de ses délibérations, dans le même ordre qu'il en était sorti.

De l'imprimerie de J. Gratiot et Compagnie, cul-de-sac Pecquay, rue des Blancs-Manteaux.

BIBLIOTHÈQUE ROYALE

www.ingramcontent.com/pod-product-compliance
Lightning Source LLC
LaVergne TN
LVHW020507230826
846091LV00008BA/3378